Wat Gebeurde Er Met Mijn Beloning?

WAT GEBEURDE ER MET MIJN BELONING?

Een inspirerend verhaal over de kunst van risicomanagement volgens ISO 31000

Peter Blokland

Auteur: Peter Blokland, PhD
Coverontwerp: Peter Blokland & Freepik
ISBN: 9789403785806
© 2025 BYAZ bv & Peter Blokland
Telefoon: +32 (0) 34584803
E-Mail: peter.blokland@byaz.be
Uitgever:
Amazon – Kindle Direct Publishing

MEDEDELING AAN DE LEZER

De auteur heeft redelijke zorgvuldigheid betracht bij de voorbereiding van dit boek, maar geeft geen expliciete of impliciete garantie van welke aard dan ook en aanvaardt geen verantwoordelijkheid voor eventuele fouten of weglatingen. De auteur is niet aansprakelijk voor incidentele of gevolgschade die voortvloeit uit of verband houdt met de informatie in dit boek. De auteur is niet aansprakelijk voor enige bijzondere, gevolg- of voorbeeldschade die geheel of gedeeltelijk voortkomt uit het gebruik van of vertrouwen op dit materiaal door de lezer.

Onafhankelijke verificatie wordt aanbevolen voor alle gegevens, adviezen of aanbevelingen in dit boek. Bovendien aanvaardt de uitgever geen verantwoordelijkheid voor enige verwonding en/of schade aan personen of eigendommen als gevolg van methoden, producten, instructies, ideeën of andere informatie die in deze publicatie is opgenomen.

Voor

Liam, Maya, Maxim, Liz & Emilie

en een excellente toekomst voor ons allen

Woord van dank

Met veel dankbaarheid denk ik aan iedereen die, via gesprekken, feedback en inzichten, heeft bijgedragen aan de totstandkoming van dit boekje.

In het bijzonder gaat mijn dank uit naar mijn echtgenote en gezin, die me telkens opnieuw de motivatie en inspiratie geven om te schrijven.

Tot slot een oprechte dankjewel aan Prof. Dr. Ir. Genserik Reniers, mijn trouwe reisgezel in de zoektocht naar de diepere betekenis van respect, risico, veiligheid en prestaties - en hoe we daar op een zinvolle manier mee om kunnen gaan. Dit boekje is in veel opzichten een weerspiegeling van die gezamenlijke inspanningen.

Inhoudsopgave

Van de auteur: Een woord vooraf

"*Wat gebeurde er met mijn beloning?*" onderzoekt de risico's die zich in het leven voordoen, weergegeven door de metafoor van een 'beloning', die de doelstellingen (te behalen resultaten) symboliseert die we al dan niet persoonlijk, organisatorisch of maatschappelijk nastreven. Geïnspireerd door "*Who Moved My Cheese?*" van Dr. Spencer Johnson, heb ik getracht een even toegankelijk verhaal te schrijven over risico en het managen ervan, waarbij ik het belang en de uitdagingen van risicomanagement wil benadrukken.

Mijn academische reis, die in 2023 leidde tot een doctoraat aan de TU Delft, verdiepte mijn begrip van drie met elkaar rond doelstellingen verbonden concepten. Risico gaat over doelstellingen in de toekomst, veiligheid kijkt naar te behalen resultaten in het heden, en prestaties gaan over de behaalde resultaten na goed of slecht management. Hieruit blijkt dat managen in functie van resultaten of veiligheid eerder reactief is terwijl alleen risicomanagement echt als proactief kan gezien worden, omdat het gaat over beslissingen nemen om een gewenste toekomst met meer zekerheid te realiseren.

In onze VUCA-wereld (volatiel, onzeker, complex, ambigu) zijn routinematige handelingen onbetrouwbaar geworden en is verandering een constante. Onze keuzes beïnvloeden voortdurend veranderende omstandigheden, wat onzekerheid over resultaten vergroot. Tegelijkertijd is onze samenleving complexer en informatie ambigue, wat het lastiger maakt waarheid van nepnieuws te onderscheiden. In deze context kunnen verkeerde keuzes snel situaties verergeren, vooral wanneer alleen symptomen worden aangepakt en niet de kernoorzaken.

Daarnaast zorgt de overvloed aan verlangens en ambities, gevoed door reclame en sociale media, voor stress op individueel, organisatorisch en maatschappelijk niveau. Dit leidt tot een BANI-wereld (broos, angstig, niet-lineair, onbegrijpelijk), waarin effectieve risicobeheersing cruciaal is geworden. Het stelt individuen, organisaties en samenlevingen in staat waarde te creëren, behouden en verdelen met meer zekerheid.

Met dit boekje wil ik laten zien hoe risicomanagement bijdraagt aan duurzaamheid, betere prestaties en veiligheid, en hoe het helpt goed geïnformeerde beslissingen te nemen om doelen te bereiken. Voor de hoofdfiguren in het verhaal heb ik inspiratie gehaald uit begrippen en documenten over risicomanagement; hun namen weerspiegelen belangrijke eigenschappen. Kun jij ze allemaal ontdekken?

Peter Blokland, PhD

Voorwoord

In dit nieuwe boekje neemt Peter, een rasverteller, de lezer mee op sleeptouw in een modern risicosprookje. Gestoeld op metaforen en analogieën worden belangrijke boodschappen toevertrouwd aangaande risico's en het reilen en zeilen van bedrijven. De interpretaties van lezers kunnen verschillen en de 'gezondheidslessen' die eruit worden geleerd, kunnen voor iedere specifieke organisatie van toepassing zijn. Het doel van Peter is ongetwijfeld om mensen te laten reflecteren over risico's en om ze te leren 'risicodenken', om ze zo betere en meer doordachte beslissingen te laten nemen in hun werkcontext, maar eveneens in hun eigen leven.

Dit boekje geeft aanleiding tot het stellen van vragen en het zoeken van antwoorden. De basis van adequaat risicodenken start met het stellen van vragen, vervolgt met een kritische kijk op de omgeving en eindigt met een 'situational awareness' houding. Dat drieledig doel is exact wat dit boekje volgens mij kan realiseren. Ik wens de lezer alvast veel plezier met het lezen en veel succes bij het implementeren ervan.

Prof. Dr. Ir. Genserik Reniers

Een bijzonder netwerkevent

Op een zwoele zomeravond begaf Manny Zekerloos zich in een kleurrijk gezelschap van ondernemers, visionairs en specialisten op een bruisend congres. De zaal ademde ambitie en samenwerking, terwijl ideeën en verhalen als golven door de ruimte rolden. Het was een plek waar elke ontmoeting kansen bood en elke gedachte inspiratie losmaakte.

Te midden van deze energieke uitwisseling ontmoette Manny Vivianne Ventura, een doorgewinterde ondernemer, die sprak over de noodzaak van veerkracht in een onvoorspelbare markt. "Elke beslissing lijkt een gok," verzuchtte ze. Even verderop hoorde hij Danny Advité, een hightech visionair, gepassioneerd praten over de snelheid van technologische veranderingen en de uitdaging om innovatie bij te benen. "De complexiteit groeit sneller dan ooit," benadrukte hij.

Hij kwam ook Naomi Constrad tegen, een stratege met een vooruitziende blik. Ze stelde dat bedrijven flexibel moeten inspelen op de grillen van de klant. "De oude modellen werken niet meer," zei ze vastberaden. Financieel expert Roger Marfinex pleitte intussen voor robuust risicomanagement, wijzend op de fragiliteit van financiële systemen: "We moeten voorbereid zijn op onverwachte schokken."

Deze krachtige verhalen van adaptatie, innovatie en veerkracht weerklonken als een symfonie van gedeelde uitdagingen in de dynamische en complexe wereld van vandaag. Manny voelde aan dat de onderstroom van onzekerheid velen beroerde. Ondertussen verzamelde hij waardevolle inzichten van ervaren leiders als Sandra Doldts, een meester in strategische planning.

Iedereen droeg bij aan een collectief besef: alleen met visie en wendbaarheid kan je een onzekere toekomst omarmen.

Te midden van de levendige menigte viel een serene stilte toen Patricia Best naar voren stapte. Haar warme glimlach en zelfverzekerde uitstraling vulden de ruimte, en de aanwezigen, ondernemers, visionairs en leiders, hingen aan haar lippen. Patricia, de drijvende kracht achter dit bijzondere samenzijn, verwelkomde hen met een stem die zowel autoriteit als warmte uitstraalde.

"Het is geweldig om jullie allemaal hier te zien," begon ze. "Terwijl we oude banden versterken en nieuwe connecties smeden, wil ik een verhaal met jullie delen. Het heeft mijn kijk op zakendoen veranderd. Het gaf mij een andere kijk op onze dagelijkse zoektocht naar betere resultaten en succes."

De zaal hield de adem in toen Patricia begon te vertellen. Het was een meeslepende parabel over een vallei, met bijzondere personages en onverwachte uitdagingen. Ze schilderde een verhaal dat verder ging dan alleen de woorden. Het was een les, een spiegel voor de keuzes en ambities van haar publiek. Naarmate ze sprak, werden zelfs de meest doorgewinterde experts geboeid. Sandra Doldts en Mr. Esoco wisselden blikken uit, het verhaal riep vragen op over hun eigen aannames en strategieën.

De kring rond Patricia groeide snel aan. Iedereen liet zich meevoeren door haar woorden. Ook Manny Zekerloos voelde hoe haar verhaal hem volledig in zijn greep kreeg.

"Dit," zei Patricia met een betekenisvolle pauze, "is hoe het verhaal gaat…"

De vallei en de hoofdpersonages

In verre echo's van vergeten tijden, in een land versluierd door de nevelen van de geschiedenis, bloeide er een opmerkelijke gemeenschap genesteld in een mysterieuze vallei. Deze vallei was een gebied van onbenutte mogelijkheden, verborgen gevaren en formidabele beproevingen. Maar wat de leden van deze gemeenschap echt onderscheidde, was de manier waarop ze het leven in de vallei benaderden en hoe ze omgingen met de veelzijdige uitdagingen die ze tegenkwamen. Voor de opmerkzame toeschouwer werden de divergenties tussen de verschillende personages opvallend snel duidelijk.

Elke dag begonnen de bewoners van de vallei aan een onverdroten zoektocht naar resultaten, waarbij ze hun "beloning" met niet-aflatende toewijding nastreefden. De beloning was de vrucht van hun arbeid en de smaak van succes was vaak zoeter dan de rijpste vruchten die je in de vallei kon plukken. Wat deze opmerkelijke individuen van elkaar onderscheidde, was de diversiteit in hun benadering van hun streven naar een resultaat.

De ondergaande zon, die als een stille getuige uitkeek over het intrigerend beeld van de uitgestrekte vallei, overdekte deze met gouden tinten en bestrooide het geheel met fascinerende schaduwen. Het werd snel duidelijk dat de vallei, als een steeds veranderend doolhof, zowel bedreigingen als kansen bood. De beloning, die de vergoeding voor de prestaties van de bewoners van de vallei symboliseerde, was aantrekkelijk maar vaak ongrijpbaar. Om deze na te streven vereiste het heel wat aanpassingsvermogen en moed van deze figuranten.

"Iedereen streeft naar een beloning,

maar elk doet dit op zijn manier."

De onzichtbare uitdagingen waren als de vluchtige schaduwen die onder de oppervlakte van de ogenschijnlijke welvaart op de loer lagen. Ze weerspiegelden de onvoorziene gebeurtenissen die zelfs de best opgestelde plannen zouden kunnen doen falen.

In het licht van de noodzaak om verandering te omarmen, zag je al snel de universele waarheid dat het landschap van het leven voortdurend en soms ook heel snel verandert. Degenen die er met veerkracht en een open geest doorheen laveerden, waren dan ook vaak beter gewapend om erin te gedijen. De vallei, met zijn kronkels en bochten, bood de aanblik van een onbeschreven blad. Dit lag klaar om enerzijds het verslag te ontvangen van de strijd waarmee men de kracht van verandering trachtte te weerstaan, of anderzijds het verhaal neer te schrijven over hoe men deze gebeurtenissen wist te omarmen met een onderzoekende geest, hongerig naar verbetering, groei en duurzaamheid.

In het geroezemoes van stemmen en gelach beneden in de vallei kon je duidelijk horen wat er te beleven viel. De wonderlijke verhalen van triomfen en beproevingen werden gretig met elkaar gedeeld. En de getuigenissen van veerkracht en aanpassingsvermogen, nodig voor de avonturen die zich in de vallei ontvouwden, gingen er vlot van mond tot mond. De bewoners in de vallei beseften echter niet dat ze niet zomaar een verzameling personages waren, ze maakten deel uit van een microkosmos, bevolkt met steeds evoluerende kansen en uitdagingen. De paden waren er kronkelig en de mind-set van ontdekking en groei was er een constant gegeven. Wanneer je door de vallei reisde, kwam je al snel een duidelijk te onderscheiden personage tegen.

Deze valleibewoner leek volledig op te gaan in het "nu" en reageerde impulsief op elke omstandigheid die haar pad kruiste.

"Een beloning komt niet vanzelf. Het is de vrucht
van inspanning en het nastreven van
doelstellingen."

Er was weinig te merken van diepe contemplatie of strategische vooruitziendheid in haar benadering van haar reis door de vallei. Haar naam was Lotte Geluk, en haar motto leek wel "Carpe diem". Ze leefde elke dag zoals die zich voor haar ontvouwde. Ze omarmde de gebeurtenissen van het moment zonder al te veel beslommeringen en zonder over al te veel zaken na te denken.

Al snel had je door dat Lotte's avonturen in de vallei een voortdurende dans van levendige spontaniteit was. Het was zoals een melodie van vrolijke reislust die weerklonk in elke stap die ze zette. In dit raadselachtige rijk van onbekende kansen en verborgen gevaren was Lotte de belichaming van de onverbeterlijke optimist.

Met een hart dat niet gebukt ging onder het gewicht van haar misstappen uit het verleden of zorgen over toekomstige onzekerheden, leefde Lotte in het heden. Ze was een baken van enthousiasme en hoop voor degenen die haar pad kruisten. Haar omzwervingen werden immers geleid door een onwrikbaar vertrouwen in het grootse ontwerp van het universum. Ze volgde de paden die door de vallei slingerden zoals het lot dit haar bedeelde, haar ogen gericht op de horizon van een blije toekomst.

Lotte kende geen angst voor het onontgonnen gebied. In haar streven naar overvloed danste ze met de mysteries van het leven en omarmde ze het idee dat de vallei onnoemelijke wonderen bevatte die op haar wachtten om ontdekt te worden. Als een fris briesje ging ze met de stroom mee door de weilanden van de vallei en liet ze het onverwachte zich voor haar in zijn eigen tempo ontvouwen. Ze vroeg zich niet af wat haar te wachten stond; in plaats daarvan genoot ze van elk moment en plukte ze de vruchten van haar reis met een glimlach op haar gezicht. Lotte's beloning bestond immers niet

"Welke risico's zou jij durven nemen als je niet
bang was voor de risico's die je daarbij loopt?"

alleen uit de tastbare schatten die ze verzamelde, het waren ook de ongrijpbare momenten van vreugde en verwondering die haar ziel verrijkten terwijl ze door de vallei dwaalde.

Kijkend naar Lotte's benadering van het nastreven van haar beloning, zie je dat het een getuigenis is van de schoonheid van het leven in het moment, het omarmen van onzekerheid als een canvas voor de verrassingen van het leven, waarbij het koesteren van de reis net zo belangrijk is als het bereiken van de bestemming zelf.

De vallei verder verkennend kwam er, tussen de talloze mogelijkheden en op de loer liggende gevaren, een andere figuur in beeld. Deze persoon, stond bekend als Daan Wakermans. Hij belichaamde een benadering van de onzekerheden in de vallei die in schril contrast stond met de daden van Lotte Geluk. Daan was helemaal afgestemd op de gevaren van de vallei. Op zijn weg naar beloning doorkruiste hij het terrein van de vallei als een behoedzame reiziger, voortdurend waakzaam en op zijn hoede voor de schaduwen die door onzekerheid worden geworpen.

Daan was heel standvastig in zijn streven om de mate van onzekerheid met betrekking tot die gevaren en hun mogelijke impact op de beloning in te schatten. Hij hield er dan ook uitgebreide rapporten over bij, die hij desgevallend aan zijn baas overhandigde, in de hoop dat die er de juiste dingen mee zou doen voor het behalen van hun beloning.

Daan's zoektocht naar zijn beloning was nauw verweven met iemand anders, deze kwam er via Mr. Doordrijver en diens wensen. Daan werkte voor Mr. Doordrijver, wiens ondernemende geest vaak botste met Daan's risicomijdende karakter. Daan, die zich zelden op onbekend terrein waagde, werd aangetrokken door de zekere, ingesleten en bekende routes die hem een gevoel van veiligheid gaven. De zekerheid

"Hoe belangrijker de beloning, hoe meer risico je wilt nemen en lopen om deze te bereiken."

van het bekende was zijn toevluchtsoord, en hij klampte zich eraan vast met een vasthoudendheid die voortkwam uit zijn streven om vooral de onzichtbare gevaren die in de vallei zouden kunnen rondsluipen te vermijden.

Daan adviseerde meneer Doordrijver vaak om geen risico's te nemen, wetende dat zijn soms avontuurlijke bedoelingen tot problemen zouden kunnen leiden. Want voor Daan Wakermans was elke reis door de vallei een nauwgezette expeditie. Met het oog van een deskundige raadpleegde hij de getuigenissen van zijn ervaringen uit het verleden, zich scherp bewust van de kenmerken van ongeluk en misstappen. Hij wist dat het terrein zowel kansen als gevaren inhield, en hij was vastbesloten deze laatste te vermijden. Meneer Doordrijver was echter altijd op zoek naar nieuwe manieren om hun beloning te vergroten. Daarom zag hij Daan meer dan eens als een pretbederver die het plezier van zijn avonturen in de vallei vergalde.

Doordrijver's benadering om beloning na te streven, werd op zijn beurt gekenmerkt door het grijpen van kansen wanneer de gelegenheid zich voordeed. Maar evenzeer door van gedachten te veranderen wanneer dit hem goed uitkwam. Een methodische planning en een niet-aflatende inzet om het onbekende en gevaren te vermijden waren niet echt zijn ding. Terwijl Daan Wakermans zijn koers door de vallei minutieus uitstippelde, elk bekend obstakel en gevaar markeerde en ervoor zorgde dat hij goed voorbereid was op elke dreiging die op zijn pad zou kunnen komen, negeerde meneer Doordrijver vaak de waarschuwingen die Daan gaf. Doordrijver's reis door de vallei was soms weloverwogen en berekend, maar zelden geleid door een diepgewortelde behoefte om hen te beschermen tegen de onzekerheden en gevaren van de vallei of om het gekozen pad met de nodige voorzichtigheid te betreden.

"Hou je beloning vaak en genoeg in de gaten om te weten wanneer deze niet langer een glimlach op je gezicht tovert."

Dieper in de vallei kom je al snel Andrea Voelders tegen en haar benadering van de vallei was een getuigenis van haar uitzonderlijke instincten en haar onwrikbare geloof in haar intuïtie. Dit werd gekenmerkt door haar onwrikbare vertrouwen en haar bereidheid om risico's te omarmen wanneer die voor haar goed aanvoelden. Andrea bezat een uniek vermogen om de subtiele verschuivingen in het landschap aan te voelen en kansen en bedreigingen met opmerkelijke precisie waar te nemen. Ze ging uitdagingen niet uit de weg, maar zocht in plaats daarvan actief naar kansen wanneer ze de fijne kneepjes van een situatie begreep. Haar reis door de vallei werd geleid door een diepe connectie met haar innerlijke kompas en zij onderscheidde zich door haar daadkracht. Het leidde vaak tot succesvolle acties, omdat ze onbevreesd haar beloning greep als het pad vrij was.

Andrea Voelders was echter niet onbekend met de verraderlijke aard van de vallei. Ze begreep dat het leven, net als elk landschap, vol onzekerheden en potentiële gevaren kan zitten. Wanneer haar scherpe instinct haar waarschuwde voor onduidelijke situaties of dreigende gevaren, haastte ze zich niet halsoverkop in het onbekende. In plaats daarvan legde ze dan de nodige voorzichtigheid en terughoudendheid aan de dag, wetende dat niet alle beloningen de moeite waard waren om na te streven. Andrea onthield zich van actie wanneer de situatie te onduidelijk was of onnodige risico's met zich meebracht, en verkoos wijsheid boven roekeloosheid. Haar benadering van de vallei combineerde op een intuïtieve manier durf en voorzichtigheid, waardoor ze een inspirerend en veelzijdig personage was op de reis van het leven.

Diep in de vallei tref je uiteindelijk broer en zus Winston and Lossy Waardezieners aan en al snel ontdek je dat het intrigerende figuren zijn. Ze waren een tweeling en leken wel

"Een open geest helpt bij het vinden van een (nieuwe) beloning."

op de twee kanten van eenzelfde medaille. Elk had een unieke benadering voor zowel het vinden als het behouden van hun beloning. Hun gezamenlijke aanpak om ervoor te zorgen dat ze de waarde van hun beloning konden binnenrijven en veiligstellen, was echt opmerkelijk.

Winston, met zijn eeuwige optimisme en grenzeloze enthousiasme, zag de vallei als een oneindige poel van mogelijkheden. Hij was de dromer, de visionair die voortdurend de horizon afspeurde naar onbenut potentieel. Voor hem waren er geen grenzen aan wat er in de vallei kon worden bereikt. Winston was niet alleen een dromer, maar ook een innovatie-architect. Hij spon grootse visioenen bijeen die zich tot ver buiten de horizon van de vallei uitstrekten, bedacht nieuwe strategieën voor welvaart en gaf vorm aan hun toekomst.

Zijn avontuurlijke geest gedijde bij het verkennen van het onbekende en nog onontgonnen terrein verder in de vallei en hij moedigde anderen aan om deel te nemen aan gezamenlijke verkenning. Winston geloofde in de kracht van teamwork en ruimere samenwerking en beschouwde dit als de sleutel tot het laten ontluiken van het onbenutte potentieel van de vallei.

Lossy, de zus van Winston, speelde echter een cruciale rol in hun reis. Ze erkende het belang van balans en een goed voorbereidde aanpak, waarbij duidelijke afspraken best op voorhand gemaakt kunnen worden. Terwijl ze de grenzeloze creativiteit en het potentieel van haar broer om een toekomst te creëren bewonderde, was Lossy de stem van de rede. Ze keek georganiseerd en plichtsgetrouw de plannen van Winston na op mogelijke imperfecties en kwetsbaarheden. Wanneer ze deze identificeerde gaf ze opbouwende kritiek en toonde dan de mogelijke valkuilen aan die eerst moesten aangepakt worden

"Hoe beter je risico's managet, hoe eerder je een
beloning zult vinden en krijgen."

om zo goed mogelijk de nieuwe paden naar beloning veilig te stellen.

Voor Lossy was de vallei een plaats van zowel opportuniteit als voorzichtigheid. Ze geloofde in het belang van het afstemmen van dromen op de dagelijkse realiteit. Haar rol was niet om Winston zijn creativiteit te verstikken, maar om deze verder te verfijnen en ervoor te zorgen dat hun gezamenlijke reis naar beloning doelgericht en veerkrachtig was. Lossy wist dat haar samenwerking met Winston van strategische aard was, waarbij elkeen een cruciale rol speelde. Winston droomde, en zij verfijnde het tot een performant en veilig plan. En zo creëerden ze samen een dynamiek die essentieel was om het ware potentieel van de vallei te benutten. Samen waren Winston and Lossy een harmonieuze mix van creativiteit en deugdelijkheid, waardoor hun reis door de vallei harmonieus en welvarend was.

Nederzettingen in de vallei

Na verloop van tijd krijg je een beter zicht op de vallei en haar bewoners. Zo zijn er ook de verschillende locaties waar deze figuren verbleven.

Bij de nederzetting waar Lotte Geluk resideerde zag je een bijzondere vorm van nonchalance die je nergens anders tegenkwam. Zoals je misschien al geraden had, ging Lotte de vallei in met een ongeremde geest, vastbesloten om haar beloning te vinden. Ze volgde de natuurlijke paden en verzamelde wat ze op haar weg tegenkwam en haar aansprak. Natuurlijk maakte ze af en toe een misstap en kwam ze in de problemen door verkeerde beslissingen, maar gaandeweg leerde ze om de valkuilen en gladde plekken van het dal te herkennen. Lotte ontdekte door ervaring wat nuttig en eetbaar was en zette vastberaden haar vreugdevolle reis voort, klaar om de vruchten van haar inspanningen te plukken.

Al snel verzamelde ze een aantal volgelingen om haar heen en zo ontstond er een nederzetting rond de plaats waar Lotte verbleef. Het was een plek die haar karakter volledig weerspiegelde. In deze nederzetting heerste een gevoel van vrijheid en geluk dat zich vertaalde in een eerder chaotisch schouwspel. Paden kronkelden willekeurig door de nederzetting, zonder duidelijke structuur of plan. Woningen leken op het eerste gezicht misschien charmant, maar bij nadere inspectie kon je zien dat ze willekeurig waren gebouwd, zonder rekening te houden met de plaats waar ze werden opgetrokken, of getuigden ze van een gebrek aan aandacht voor de materialen waaruit ze bestonden.

De bewoners gedroegen zich als vrije geesten, zonder duidelijke regels of richtlijnen. Er was geen vast plan te ontdekken in hun dagelijkse activiteiten. Blijkbaar hadden ze er alle vertrouwen in dat toevalligheden en dagelijkse impulsen een beloning zouden opleveren. Dit gebrek aan gestructureerde aanpak werd ook weerspiegeld in de manier waarop ze zich door de nederzetting bewogen, schijnbaar zonder een duidelijk en helder doel voor ogen.

Vooruitziendheid was blijkbaar een vreemd begrip voor deze groep. De bewoners leken zich totaal niet bewust van de diverse mogelijkheden die zich konden voordoen. Hun huizen waren immers gebouwd zonder rekening te houden met de onvoorspelbaarheid van het weer, en hun keuzes in de vallei leken meer op het volgen van waar de wind waait dan op het uitvoeren van een uitgekiende en doelmatige planning.

Kortom, de nederzetting van Lotte Geluk was als een pittoresk tafereel dat bij nader inzien de afwezigheid van enige efficiëntie en planning onthulde. Het was een plek waar spontaniteit hoogtij vierde, maar waar de prijs van deze ongeremde vrijheid hoog kon oplopen als de stormen van onzekerheid zouden toeslaan.

Verder in de vallei, dieper in het verborgene, kwam je het dorp van Daan Wakermans tegen. Dit werd bestuurd door de nogal meedogenloze leider, Mr. Doordrijver. Daan's benadering van het doorkruisen en ontdekken van de vallei contrasteerde nogal sterk met de focus van meneer Doordrijver die vooral gericht was op snel succes en het behalen van winst met zo min mogelijk moeite. Het dorp weerspiegelde deze soms tegengestelde mentaliteit in elk aspect van diens bestaan.

Bij Daan Wakermans thuis trof je een heel andere situatie aan dan wat je eerder op Lotte's plaats kon zien. Het kwartier waar hij woonde, weerspiegelde nauwkeurig zijn mentaliteit. De straten waren er overzichtelijk aangelegd en de woningen getuigden van een doordachte en traditionele constructie, gebaseerd op bekende bouwplannen. Een duidelijke, georganiseerde en gestructureerde aanpak was overal te zien. Op andere plaatsen in het dorp kon je andere zaken aantreffen, gaande van protserige woonsten tot soms haveloze hutten, afhankelijk van hoe goed de bewoners Mr. Doordrijver kenden en bij hem al dan niet op in een goed blaadje stonden.

Daan aanschouwde de acties van de dorpelingen in de vallei met grote voorzichtigheid. Als het nodig was, bezocht hij bedachtzaam en onderzoekend de onbekende paden, altijd op zoek naar mogelijke gevaren. Hij bleef trouw aan de inzichten van eerdere ervaringen en sloeg vele, eerder onbekende mogelijkheden liever over. Zijn vooruitgang was gestaag, maar hij vermeed paden met valkuilen en zorgde ervoor dat hij niet te veel gladde plekken tegenkwam. Voor Daan was het motto: laat liever een kans voorbijgaan dan op zoek te gaan naar onnodige obstakels.

Ondertussen werd de reis van de heer Doordrijver door de vallei gekenmerkt door zijn focus op snelle overwinningen en winsten zonder er al te veel moeite voor te doen. Hij voelde zich aangetrokken tot strategieën die onmiddellijk de beloning in het vooruitzicht stelden, waarbij hij vaak bewust de implicaties en risico's op lange termijn voor het dorp en de vallei over het hoofd zag. Terwijl Daan prioriteit gaf aan voorzichtigheid en het vasthouden aan bekende routes, streefde Doordrijver naar kortere wegen en gemakkelijke overwinningen, wat vaak leidde tot meningsverschillen met en wrijving tussen de dorpelingen.

Dit contrast in benaderingen zorgde ook voor spanning in het dorp, omdat de voorzichtige houding van Daan botste met het streven naar snelle resultaten van meneer Doordrijver. Terwijl

Daan pleitte voor stabiliteit en voorspelbaarheid, gaf de heer Doordrijver prioriteit aan onmiddellijke winst, soms ten koste van duurzaamheid op langere termijn.

De inwoners van het dorp waardeerden controle en conservatisme en ze toonden vaak weerstand tegen verandering, wat Daan's voorkeur voor voorzichtigheid en stabiliteit weerspiegelde. Dit in contrast met de focus van Doordrijver die liever voor snel succes en onmiddellijke beloningen koos. Deze houding om regelmatig naar onmiddellijke en ogenschijnlijk voor de hand liggende beloning te zoeken, leidde dan ook vaak tot conflicten met Daan Wakermans en de andere bewoners in het dorp.

Verder door de vallei reizend tref je bij Andrea Voelders nog een andere situatie aan. Andrea was een meester in het intuïtief kiezen van de juiste routes, en bereikte snel de vruchten die de vallei te bieden had. Haar intuïtie leidde haar rechtstreeks naar veelbelovende plaatsen, en ze was vaak de eerste om ze te ontdekken en te exploiteren voordat anderen dat deden. Wanneer ze eenmaal het potentieel van een locatie had benut, ging ze intuïtief verder, op zoek naar nieuwe mogelijkheden. Al snel ontstond er een groep bewoners, die zo op hun eigen manier met de vallei omgingen.

In de ondernemersenclave van Andrea Voelders was de dynamiek net zo onvoorspelbaar als haar persoonlijke aanpak. De straten kronkelden door het dorp en weerspiegelden hoe bewoners intuïtief nieuwe routes ontdekten om hun doelen te bereiken.

De architectuur van de woningen vertoonde een zekere excentriciteit, aangepast aan de unieke visie van elke bewoner. Creatieve toevoegingen en uitbreidingen weerspiegelden de onvoorspelbare uniciteit van intuïtief ondernemerschap. Het dorp ademde een sfeer van constante verandering, waar oude structuren voortdurend plaats maakten voor nieuwe, intuïtief geleide initiatieven.

De inwoners omarmden met volle goesting nieuwe ideeën en pasten zich snel aan deze kansen aan, wat betekende dat het dorp voortdurend evolueerde. Constante beweging en aanpassing waren de kenmerken. Zaken werden snel achtergelaten wanneer bewoners intuïtief doorstroomden naar nieuwe mogelijkheden.

Besluitvorming volgde geen traditioneel, methodisch pad. Vaak was het ogenschijnlijk impulsief en moment-gebonden, gericht op het grijpen van nieuwe kansen. Het dorp was dan ook een opwindende, bruisende en innovatieve plek, waar voortdurend nieuwe ideeën openbloeiden. Soms waren er onvoldoende mogelijkheden om deze ideeën tot volle wasdom te laten komen en maakte het gebrek aan structuur en gemeenschappelijke concepten het moeilijk voor deze enclave om te groeien.

Uiteindelijk bereik je in het diepste deel van de vallei, Winston en Lossy die nauwgezet samenwerkten om de meest veelbelovende paden uit te kiezen. Ze verkenden het terrein grondig, op zoek naar kansen en gevaren. Winston was onvermoeibaar in zijn zoektocht naar nieuwe kansen, terwijl Lossy waakte over de mogelijke valkuilen en gladde plekken die een nieuw pad met zich meebracht. Ze zorgden er samen voor dat Winston niet roekeloos onbekende paden bewandelde, maar deden eerst zorgvuldig onderzoek naar de omstandigheden. Als er obstakels waren, werkten ze samen om deze te overwinnen. Het dempen van valkuilen en het aanpakken van gladde plekken maakten dat ze veilig vooruit konden komen en de verborgen voordelen, die achter deze obstakels verborgen lagen, konden plukken. Op deze manier konden ze de paden bewandelen die anderen keer op keer vermeden, zonder gevaar te lopen, terwijl ze profiteerden van de grote beloning die de vallei hun te bieden had.

Winston en Lossy werkten zij aan zij en deelden hun inzichten en visie met de mensen in hun omgeving en dit werd weerspiegeld in de architectuur van het dorp, waardoor het een perfecte balans tussen innovatie en stabiliteit uitstraalde.

In het gebied waar Winston en Lossy samenwerkten, waren er eerst weinig bewoners, maar al snel ontvouwde zich een harmonieus tafereel. Straten werden doordacht aangelegd, met een duidelijk gestructureerde lay-out die de grondige verkenning van het terrein weerspiegelde. Deze straten waren niet alleen lineair, maar eerder kronkelig, met achter elke bocht een kans om te grijpen en bij elk zijpad een potentieel risico om achteraan te gaan. De kronkels waren functioneel en zorgden voor een aantrekkelijke leefomgeving.

De huizen in deze nederzetting waren een voorbeeld van integraal ontwerp. Ze werden aangepast aan de visie van de bewoners, waarbij creativiteit en functionaliteit hand in hand gingen.

Toch werden ze gebouwd op basis van gemeenschappelijke concepten en een gedeelde, overkoepelende visie voor deze woonplaats zodat men elkaar niet in de weg stond en er efficiënt van de gemeenschappelijke voorzieningen gebruik kon worden gemaakt.

Zo werden de bewoners bedreven in het snel aanpassen aan nieuwe ideeën en kansen. Er was een constant gevoel van beweging en aanpassing, waarbij oude of versleten dingen werden verlaten ten gunste van nieuwe, goed doordachte initiatieven. Het was een levendige en functionele gemeenschap waarbij Winston and Lossy hun besluitvorming was gebaseerd op een grondig geconstrueerd en duidelijk proces dat snel kon worden toegepast wanneer dat nodig was, maar ook uitgebreide studies kon herbergen wanneer projecten dit noodzaakten.

De besluitvorming in dit dorp verliep immers niet langs een rigide weg, maar was eerder een iteratief proces met de nodige flexibiliteit. Winston bracht ideeën en kansen met zich mee, terwijl Lossy de potentiële bedreigingen zorgvuldig beoordeelde. Samen dachten ze na over mogelijke routes en methoden, bespraken ze obstakels, anticipeerden ze op valkuilen en maakten ze de paden veilig om te bewandelen. Het was een plek waar geïntegreerde actie regeerde en waar dit niet alleen een proces was, maar ook een manier van leven werd.

En zo leek het in het sfeervolle en levendige landschap van de vallei dat iedereen, elk met zijn eigen unieke aanpak, een tijdperk van overvloed beleefde.

Lotte, de avontuurlijke danseres van het leven, had vreugde gevonden in elke bloem die ze plukte, elk liedje dat ze neuriede en genoot van de warmte van de zon op haar huid. De vallei bood haar overvloedig blijdschap en opgewektheid.

Mr. Doordrijver's streven naar snelle overwinningen en beloning zonder er veel moeite voor te doen leidde vaak tot conflicten met Daan en anderen in het dorp, maar bracht voldoende beloning om deze aanpak voort te zetten. Terwijl Daan prioriteit gaf aan stabiliteit en duurzaamheid op de lange termijn, botste de focus van de heer Doordrijver op onmiddellijke beloning vaak met de voorzichtige aanpak van Daan. Deze conflicten benadrukten de spanning tussen Daan's voorkeur voor voorzichtigheid en stabiliteit en Mr. Doordrijver's meedogenloze streven naar kortetermijnwinst, waarbij de uiteenlopende paden van de leiders van het dorp scherp werden gesteld.

"Een overvloedige beloning leidt naar een
gelukkig leven."

Andrea Voelders, de intuïtieve wijze, leidde haar troepen met zelfvertrouwen door de vallei. Ze wist wanneer ze moest handelen en wanneer ze moest wachten, wanneer ze risico's moest nemen en wanneer ze terughoudend moest zijn. Haar beloning kwam voort uit een balans tussen durf en inzicht.

Winston and Lossy Waardezieners, het dynamische duo, was de belichaming van samenwerking. Hun inspanningen leidden tot grenzeloze creativiteit en zorgvuldige planning, waardoor elke uitdaging een kans werd die benut kon worden. Ze plukten de vruchten van teamwork en strategie, waardoor hun nederzetting in een constant tempo groeide en bloeide.

Het was een tijd van overvloed in de vallei, waar de oogsten overvloedig waren, de zorgen smolten als sneeuw voor de zon en waar de inwoners gelukkig en onbezorgd de paden van de vallei bewandelden. Maar zoals dit vaak het geval is in het leven: mooie liedjes duren niet lang.

"Als je risico's niet (goed) managet kan het heel
snel en drastisch fout gaan."

Onverwachte gebeurtenissen

Plotseling ontvouwde zich een onverwacht en dreigend tafereel in de idyllische vallei. Het harmonieuze en vrolijke ritme van de samenleving werd ruw verstoord door de komst van een roedel hongerige wolven. De bewoners, gewend aan een comfortabel bestaan, werden plotseling geconfronteerd met een angstaanjagende realiteit. Hun rustige leven veranderde in een strijd om te overleven, waarbij de ooit zo veilige vallei een plek van gevaar en onzekerheid werd.

Lotte, de goedgeluimde inspirator van haar nederzetting, stond voor een ongekende uitdaging. De wolven stelden haar optimistische benadering van het leven op de proef. In plaats van voorbereid te zijn op deze potentiële dreiging, had de nederzetting zich laten sussen door een vals gevoel van veiligheid. Nu moest Lotte, met haar positieve instelling, de gemeenschap motiveren en leiden door deze onverwachte crisis.

Maar de hongerige wolven zwierven er door de straten op zoek naar een prooi. De voorheen rustige en vredige nederzetting was nu doordrenkt van angst en chaos. Huizen die ooit met een gebrek aan vooruitziendheid waren gebouwd, bleken nu kwetsbaar voor de dreiging van buitenaf. De bewoners, gewend aan een vrolijk bestaan, wisten niet hoe ze moesten reageren. Het gebrek aan voorbereiding en het onvermogen om adequaat te handelen maakten hen tot een gemakkelijke prooi voor de wolven.

Lotte, die altijd gewend was geweest om met de stroom van het moment mee te gaan, werd nu geconfronteerd met een harde waarheid. Het gebrek aan vooruitziendheid betekende dat er geen georganiseerd antwoord was op deze onverwachte dreiging. De nederzetting, die gedijde op impulsieve beslissingen, ontdekte nu dat een gebrek aan voorbereiding desastreuze gevolgen kon hebben.

De wolven plunderden en verwoestten wat ze tegenkwamen, de beloning die was opgebouwd niet uitgezonderd. Ze hadden er bijzonder veel aandacht voor en zonder een solide basis om op terug te vallen, zagen de bewoners hun beloning reddeloos verloren gaan. De chaos die volgde, illustreerde het nut en de noodzaak van een grotere vooruitziende blik in een wereld die onvermijdelijk dergelijke onvoorziene uitdagingen produceerde. Lotte's gemeenschap, ooit een symbool van gebrek aan voorzichtigheid, leerde op de harde manier kennen dat een gebrek aan anticipatie op onverwachte gebeurtenissen een kostbare vergissing kon zijn.

De nederzetting viel helemaal uiteen en Lotte stond voor een keuze: de vallei onmiddellijk verlaten of op zoek gaan naar een nieuwe plek voor haar activiteiten. In plaats van halsoverkop een onzekere toekomst tegemoet te vluchten, begreep ze dat samenwerking haar beste overlevingskans bood. Ze wendde zich tot Winston en Lossy, wetende dat zij bekend stonden om hun bereidheid om samen te werken en hun gedeelde inzet voor het welzijn van de hele vallei. Samen, als een verenigd front, konden ze mogelijk de hongerige wolven trotseren en de vallei beschermen.

Daan Wakermans had op de een of andere manier de komst van wolven en andere dreigingen wel voorzien, een bewijs van zijn voorzichtige aard en niet-aflatende waakzaamheid. Hij ondernam tijdig actie en adviseerde meneer Doordrijver over mogelijke maatregelen om deze dreiging te bestrijden. Het versterken van de dorpsmuren zou de veiligheid van de inwoners kunnen waarborgen en het aanleggen van voorraden voor de mensen van het dorp zou voor meer overlevingskansen zorgen ingeval calamiteiten hen zouden teisteren. Het was verstandige raad die van onschatbare waarde zou kunnen zijn. Echter, Daan besefte ook dat zelfs binnen de veilige grenzen van dit toevluchtsoord grimmige beperkingen zouden kunnen opdoemen. Want hoewel Daan adviseerde op de mogelijkheid van een langdurige crisis te anticiperen, werd hij ook geconfronteerd met de schrijnende keuzes die in zo'n geval zouden moeten genomen worden in functie van de aandacht en budgetten die Mr. Doordrijver aan een dorpsmuur en voorraden zou willen besteden. Vooral met betrekking tot diegenen die eventueel buiten de dorpsmuren, zouden vallen, zowel dieren als mensen, baarden hem zorgen. Hij worstelde met het gewicht van zijn advies, zich terdege bewust van de morele dilemma's en ingrijpende gevolgen die het met zich meebracht. In het besef dat zijn raad de beslissingen van de heer Doordrijver zou informeren, voelde Daan de immense last van verantwoordelijkheid zwaar op hem drukken.

Met een onwrikbaar geloof in het allergrootste belang van voorzichtigheid om te overleven, bood Daan zijn suggesties aan. Hij pleitte bij Mr. Doordrijver voor maatregelen die prioriteit gaven aan collectieve inspanningen en duurzaamheid op lange termijn. Als uiteindelijke beslisser had de heer Doordrijver echter de autoriteit om de koers van het dorp te bepalen. Daan kon alleen maar toekijken, hoopvol maar ongerust, terwijl meneer Doordrijver de opties voor hem afwoog.

De heer Doordrijver koos voor de weg van de minste inspanning en besloot de muur zodanig te bouwen dat die alleen de dieren en mensen zou toelaten die ook in crisis konden bijdragen aan onmiddellijke winst en snel succes. Hij gaf liever de voorkeur aan kortetermijnvoordelen boven stabiliteit op lange termijn.

"Het is veiliger om elders heen te gaan dan te blijven op een plek zonder beloning."

Hoewel Daan's advies de spanning tussen de verschillende opties benadrukte en de nadruk legde op het uiteenlopende pad dat door de leider van het dorp was gekozen, handhaafde Doordrijver de beslissing om de kortetermijnresultaten na te streven.

Ondanks het wijze advies van Daan bepaalden de beslissingen van meneer Doordrijver uiteindelijk het lot van het dorp toen de wolven de vallei overvielen. Het leidde tot conflicten en morele dilemma's die ook de vastberadenheid van Daan op de proef stelden. Terwijl de wolven genadeloos aasden op de kwetsbare wezens die werden blootgesteld, keek Daan toe vanuit de veiligheid van zijn verblijf, worstelend met de gevolgen van de beslissingen die door de hand van een ander waren genomen. Te midden van het conflict tussen voorzichtigheid en opportuniteit bleef Daan standvastig in zijn toewijding aan stabiliteit, zelfs toen meneer Doordrijver snelle resultaten en gemakkelijke resultaten nastreefde. Maar er was geen beloning meer voor de dorpelingen die achterbleven.

Andrea Voelders, bedreven in het aanvoelen van kansen nog voordat ze zich openbaren, ontdekte het dreigende gevaar van de wolven. Haar onderbuikgevoel dwong haar om onmiddellijk te handelen. Ze verliet snel de enclave en trok zich, met een paar mensen die besloten haar te volgen, strategisch terug naar een veiligere positie in de vallei, een plek waar ze zowel de bescherming kon vinden die ze zocht als ruimte om verder te werken aan haar ambitieuze doelen. Het was geen gemakkelijke keuze, want ze besefte dat ze een aantal van de veelbelovende kansen die ze al in gang had gezet, moest laten rusten totdat de situatie weer veiliger was. De dreiging van de wolven was echter onmiskenbaar en kon niet worden genegeerd. Andrea wist dat ze zich niet voor altijd kon verstoppen, want te lang wachten zou betekenen dat de uitdaging haar plezier en vooruitgang zou ondermijnen. Dus, met vastberadenheid en wat opofferingen, besloot ze in actie te komen en de dingen weer op te pakken wanneer de tijd er rijp voor was.

Maar wat gebeurde er in de tussentijd met de anderen in de enclave? Bij gebrek aan de inzichten die Andrea hen gaf, waren ze al snel overgeleverd aan de onvoorspelbaarheid van de wolven die hun pad kruisten. Zonder de leiding van Andrea werden sommigen overweldigd door dit gevaar. Anderen probeerden echter hun intuïtieve benadering voort te zetten, zij het met minder succes. De enclave, ooit bruisend van intuïtieve energie, voelde nu de schaduw van onzekerheid en verlies. De beloning was er even ver weg.

Winston en Lossy Waardezieners hadden de mogelijkheid van wolven en andere vreemde dreigingen in de vallei al zo goed mogelijk voorzien en waren daarom beter voorbereid op wat komen ging. Ze wisten dat het een grote uitdaging zou zijn en dat er een gezamenlijke inspanning nodig zou zijn om deze opgave het hoofd te bieden. Winston had al lang geleden ingezien dat elk probleem zijn intrinsieke kansen met zich meebrengt. Zijn overtuiging was dat zelfs in de meest onverwachte situaties, zoals de aanwezigheid van wolven, er potentieel was voor groei en verbetering. Maar hij begreep ook dat dit potentieel alleen kon benut worden door samen te werken en deze gelegenheid met de juiste strategie aan te pakken.

Lossy, als scepticus van het team, was grondig in haar aanpak. Ze erkende de ernstige dreiging die van de wolven uitging en werkte aan het vinden van effectieve en proactieve oplossingen ter bescherming van het dorp en diens bewoners. Haar grondige analyse van mogelijke valkuilen en gevaren zorgde ervoor dat het dorp geen onnodige risico's nam. Ze werkte nauw samen met Winston om ervoor te zorgen dat zijn ideeën op een veilige en uitvoerbare manier werden geïmplementeerd.

In het dorp van Winston and Lossy werden er dan ook verschillende maatregelen genomen om de wolven op afstand te houden. Winston, met zijn innovatieve geest, had enkele 'lokdoelen' opgezet aan de rand van het dorp. Deze waren ontworpen om de aandacht van de wolven te trekken en hen weg te leiden van het dorp en zijn onmiddellijke omgeving. Het was een slim afleidingsmanoeuvre dat de wolven op een dwaalspoor bracht en waardoor de bewoners kostbare tijd kregen om zich verder voor te bereiden en te reageren op deze onverwachte dreiging. Er werden snel ook vuurkorven en fakkels op strategische posities rondom het dorp geplaatst. Deze zorgden niet alleen voor licht en warmte, maar werkten ook als afschrikmiddel voor de wolven, die meestal op hun hoede zijn voor vuur. Bij directe confrontaties konden bewoners ook snel extra vuurtjes stoken indien nodig om de wolven op veilige afstand te houden.

Winston ontwierp verder ook speciale wolvenvallen die op zorgvuldig gekozen punten omheen het dorp werden geplaatst. Deze klemmen waren zo ontworpen dat ze de wolven efficiënt en effectief vasthielden zonder deze ernstig te verwonden. Winston stelde ook voor om een afgebakend en gecontroleerd wolvengebied buiten het dorp te creëren. Dit zou later ook kunnen dienen als een soort toeristische attractie waar bezoekers veilig van op een afstand naar de wolven konden kijken. Op deze manier kon het dorp extra inkomsten genereren door middel van toerisme.

Lossy identificeerde met haar grondige analyse specifieke gebieden waar valkuilen voor wolven konden worden gegraven. Deze kuilen waren bedekt met lichte en zachte materialen, zodat wolven erin zouden vallen zonder ernstig letsel op te lopen. Winston kwam ook met de mogelijkheid om een wolveneducatiecentrum op te zetten. Dit centrum zou informatie geven over wolven, hun gedrag en de rol die ze spelen in het ecosysteem. Het zou een educatieve ervaring bieden zowel aan de lokale bevolking als aan bezoekers.

Door deze maatregelen slaagden Winston and Lossy erin de wolven op afstand te houden en tot hun voordeel te gebruiken. Door de veiligheid van het dorp proactief te waarborgen konden ze zo een extra beloning binnenrijven. Niet zoveel later voegde Lotte Geluk zich bij hen, op zoek naar bescherming tegen de wolven. Door samen te werken en proactief te handelen was er ruimte voor nog meer zielen. Samen ontwikkelden ze bijkomende innovatieve oplossingen om de vallei te versterken. Zowel de uitdagingen als de kansen die de wolven met zich meebrachten werden aangepakt en benut. Tezamen waren ze vastbesloten om de vallei te beschermen en deze crisis om te zetten in nog meer groei en ontwikkeling.

Zo ging het verhaal van de vallei verder. De toehoorders op het netwerk event werden door de vallei, met al zijn avonturen en uitdagingen, herinnerd aan de waardevolle lessen die mensen op hun levenspad kunnen leren. Maar de roedel wolven was slechts een deel van dit boeiende en nooit eindigende avontuur. Het zijn de keuzes die men maakt en de acties die erop volgen die bepalen hoe iemand de vallei van het leven doorkruist. De inwoners van de vallei leerden dat door samenwerking, het voorbereid zijn op moeilijkheden en het benutten van kansen, ze niet alleen konden overleven, maar ook konden groeien en bloeien, ongeacht welke uitdagingen er op hun pad kwamen.

Met vastberadenheid en samenwerking slaagden de bewoners van de vallei erin de dreiging van de wolven onder controle te krijgen en het tij te keren. De vallei herstelde zich en keerde terug naar zijn welvarende staat, waarin iedereen weer kon genieten van het behalen van een nieuwe beloning. Maar zoals in elke groeiende en bloeiende omgeving dienen uitdagingen zich steeds opnieuw aan.

Lotte, de vrolijke reiziger, moest nu meer in lijn komen met het verhaal dat Lossy and Winston schreven. Ze leerde dat vooruitdenken, flexibiliteit en samenwerking cruciaal waren voor succes, zelfs in de meest onverwachte situaties. Andrea hervatte langzaam maar gestaag haar voortgang in de vallei, greep kansen die ze eerder had gemist, en al snel bracht haar intuïtieve aanpak haar weer naar de voorhoede van het ondernemerschap.

Daan had het vertrouwen in zijn baas enigszins verloren en zette zich intensief in om zijn relatie met de dorpsbewoners te herstellen. Hij besefte dat vertrouwen de basis vormde voor samenwerking en het behalen van resultaten. Ondanks zijn goed advies en inspanningen stond Daan eveneens voor de opdracht om het vertrouwen van zijn baas, de heer Doordrijver, te herwinnen, gezien de verstrekkende gevolgen van diens beslissingen en het daaropvolgende gebrek aan vertrouwen van alle dorpelingen.

Uiteindelijk werd de heer Doordrijver vervangen door mevrouw Regelmeters en haar assistent, mijnheer Toetsers. Door de gebeurtenissen in de vallei waren er steeds meer regels en richtlijnen waardoor de noodzaak ontstond om ook te focussen op het naleven van wetgevende documenten. Daan begreep het belang van het winnen van het vertrouwen van dit nieuwe leiderschapsteam, omdat hun steun cruciaal was voor het implementeren van maatregelen tegen de dreiging van wolven en andere verborgen gevaren. Hij bleef pleiten voor collectieve inspanningen en stabiliteit onder het nieuwe leiderschap, met het doel het vertrouwen te herstellen en te werken aan een veiligere toekomst voor het dorp.

Na enige tijd bloeide de vallei als nooit tevoren en iedereen kon
weer de 'beloning' innen.

Een slimme zet

Winston en Lossy analyseerden wat er allemaal gebeurd was toen de wolven in de vallei verschenen. Hierdoor konden ze hun inspanningen met nog meer precisie voortzetten en het dorp beter beschermen en zwakke punten aanpakken. Zo ontdekten ze dat hun strategieën, hoewel effectief, enorm konden verbeterd worden door het laten circuleren van de best beschikbare informatie, met duidelijker afgesproken vormen van communicatie. Ook de betrokkenheid en inbreng van alle dorpelingen was hierbij een belangrijk element.

Het gebeurde op een avond, toen de zon met haar gouden gloed achter de heuvels onderging. Winston en Lossy verzamelden de dorpelingen rond de centrale vuurplaats om de laatste wolvenwaarnemingen en de effectiviteit van vallen en lokdoelen te bespreken. Het was tijdens deze bijeenkomst dat een jonge dorpelinge een belangrijk punt aan de orde stelde.

"Al deze maatregelen zijn geweldig," zei ze, "maar zou het niet nog effectiever zijn als iedereen precies wist wat er aan de hand was, wat het doel was en als ze dan zelf in staat zouden zijn om te beslissen wat te doen om het gemeenschappelijke doel te bereiken? Soms voelt het alsof we allemaal in verschillende richtingen werken."

Winston en Lossy wisselden peinzende blikken uit. Ze wisten dat ze gelijk had. Het dorp vertrouwde op hun individuele innovaties en strategieën, maar er was weinig coördinatie en weinig delen van kritieke informatie. Het was tijd om daar verandering in te brengen.

Winston, met zijn innovatieve geest, stelde voor om een door iedereen goedgekeurde benadering van communicatie te creëren. Deze aanpak zou het mogelijk maken om nauwkeurige en actuele informatie te verzamelen en te verspreiden over de activiteit van wolven, de status van de vallen en over eventuele nieuwe strategieën die worden ontwikkeld. Het zou ook dienen als een manier voor dorpelingen om nieuwe bedreigingen of opportuniteiten met elkaar te delen of hun eigen observaties en suggesties door te geven. Hierdoor zou de best beschikbare informatie verstrekt kunnen worden.

Lossy, met haar analytische bekwaamheid, suggereerde daarbij ook een systeem om deze informatie ook bij te houden en regelmatig bij te werken. "We hebben duidelijke doelen nodig," zei ze, "en een manier om onze vooruitgang te meten. We moeten regelmatig patrouilles en rapportageschema's opstellen, zodat we altijd over de laatste informatie beschikken."

Binnen enkele weken was het verschil merkbaar. Nu iedereen op één lijn was, werden de inspanningen van het dorp beter gecoördineerd en efficiënter uitgevoerd. Ze konden sneller reageren op waarnemingen van wolven, hun strategieën aanpassen op basis van de nieuwste gegevens en ervoor zorgen dat alle maatregelen bijdroegen tot het gemeenschappelijke doel van veiligheid en welvaart.

Winston en Lossy leidden om beurten de wekelijkse bijeenkomsten om de informatie verder te verfijnen, inzichten te delen en open discussie aan te moedigen. Ze benadrukten ook het belang van duidelijke communicatie en het afstemmen van doelen op de algemene doelstellingen van het dorp en de vallei.

Op een dag, toen ze de laatste rapporten aan het bekijken waren, had Winston een bijkomend idee. "Waarom breiden we onze inspanningen niet uit en maken we een opleiding voor iedereen met trainingssessies over communicatie en besluitvorming? Als iedereen het belang van deze vaardigheden inziet, staan we nog sterker." Omdat het voor de besluitvorming duidelijk was dat elke dorpeling goed gebruik moest kunnen maken van hetzelfde dynamische, flexibele en iteratieve proces dat Lossy en Winston gebruikten voor het verwerven van hun beloning. Bij deze gestructureerde en alomvattende aanpak zou gebruik worden gemaakt van de beste beschikbare informatie om tijdige en juiste beslissingen te kunnen nemen. Deze inclusieve en op maat gemaakte aanpak zou zeker ten goede komen aan de dorpelingen, het dorp en zelfs de hele vallei, omdat het ook rekening zou kunnen houden met de menselijke en culturele factoren en het ook zou kunnen gebruikt worden om te verbeteren wat er verbeterd moest worden.

Het uitgebreide onderwijsplan werd al snel een hoeksteen van het succes van het dorp. Dorpelingen leerden niet alleen over wolven, maar ook over effectieve communicatie, het stellen van doelen, bepalen van criteria en teamwork om tot oplossingen te komen. Ze oefenden deze vaardigheden en werden bedrevener in het nemen van beslissingen die ook ten goede kwamen aan de hele gemeenschap.

Naarmate de tijd verstreek, werd het dorp waar Winston en Lossy verbleven niet alleen bekend om zijn slimme afschrikmiddelen voor wolven, maar ook om zijn voorbeeldige communicatie- en besluitvormingspraktijken. Bezoekers uit andere dorpen kwamen naar hen toe om ook hun methoden te leren. Het dorp bloeide op als een veilige haven en als een centrum van kennis en innovatie.

Winston en Lossy hadden een cruciale waarheid ontdekt: dat de sleutel tot hun succes niet alleen lag in hun individuele innovaties, maar ook in hun vermogen om correcte informatie te verzamelen en te verspreiden, duidelijke doelen te stellen en ervoor te zorgen dat iedereen op elkaar afgestemde beslissingen kon nemen. Door dit te doen, hadden ze een gemeenschap gecreëerd die veerkrachtig, geïnformeerd en verenigd was in haar inspanningen om zich te beschermen, te groeien en te bloeien.

Zo bleef het dorp van Winston en Lossy zich verder ontwikkelen, als een bewijs van de kracht van informatie, communicatie en samenwerking.

Een nieuwe uitdaging

De vallei, ooit een plek van zonneschijn en zachte wolken, werd plotseling getroffen door donkere stormen. De zorgeloze dagen maakten plaats voor een tijd vol onaangename verrassingen. Steeds vaker moesten de bewoners vechten tegen felle tegenwind en onophoudelijke regenbuien die de sfeer zwaar maakten.

Lotte was blij dat het probleem van de wolven onder controle was en had na een tijdje haar oude gewoonte om vrij en gelukkig door het leven te gaan terug opgepikt. Lotte Geluk had altijd in het moment geleefd. Ze genoot van de zon op haar gezicht, het zachte gras onder haar voeten en de overvloedige beloning die de vallei haar te bieden had. Voorbereiding was voor haar overbodig. Waarom zich druk maken als alles goed gaat? Terwijl anderen plannen maakten of zich zorgen maakten over de toekomst, geloofde Lotte nog steeds dat het leven haar altijd goedgezind zou blijven.

Maar mooie liedjes duren niet lang. De donkere wolken die zich boven de vallei verzamelden, leken aanvankelijk nog onschuldig. Lotte hield haar blik op de zon gericht, zelfs toen de eerste regendruppels vielen. "Het waait wel weer over," dacht ze, en ze vervolgde haar zorgeloze pad. Maar toen de regen veranderde in een stortvloed en het water begon te stijgen, kon zelfs Lotte's optimisme haar niet langer beschermen. De paden waar ze altijd op had vertrouwd, werden verraderlijk glad. De zuigende modder hield haar tegen, en het stijgende water spoelde haar beloning weg.

Lotte realiseerde zich te laat dat haar gebrek aan voorbereiding haar in een benarde positie had gebracht. Ze was vast komen te zitten in een overstroomd gebied, ver weg van haar vertrouwde routes. Voor het eerst voelde ze de angst dat alles wat ze waardeerde voorgoed verloren kon gaan. Haar relaxte houding, die haar altijd had gediend, bleek nu haar grootste zwakte. Het was tijd om te handelen – maar Lotte wist niet waar ze moest beginnen.

Daan wist al langer dat slecht weer een dreiging voor zijn dorp kon vormen. Hij had dan ook een plan bedacht om overtollig water af te voeren met behulp van naar een opvangsysteem dat de hele buurt zou beschermen. Maar dat plan kwam nooit van de grond. Het werd als te duur gezien. "Geen kosten zonder baten," hoorde hij keer op keer. Maar toen de regen aanhield en de rivier buiten haar oevers trad, kwam het dorp in gevaar. Toch kreeg hij ook het deksel op de neus. "Waarom zouden wij betalen voor een probleem dat vooral de lage gebieden treft?" hadden enkele leiders van de hoger gelegen wijken gezegd, want velen hielden vast aan het eigen belang, waardoor de voorgestelde investering vooral gezien werd als een kost en daarom niet gemaakt werd.

Toen de regen bleef aanhouden, gebeurde er uiteindelijk wat Daan had gevreesd. De rivier trad buiten haar oevers en het water begon door de straten te stromen. Overal werden snel barrières van zandzakjes opgeworpen, maar dit gebeurde alleen rond de eigen woning of in de betere wijken. Terwijl sommige gebieden volledig overstroomden, bleven andere nog nipt droog. De bewoners begonnen elkaar te wantrouwen en samenwerking leek verder weg dan ooit.

Daan deed zijn best om de situatie onder controle te houden en de schade te beperken. Maar zijn focus lag nu vooral op het redden van zijn eigen wijk. Hij wist dat de oplossing in samenwerking lag, maar voelde zich gevangen in de beperkingen die anderen hem oplegden. Mevrouw Regelmeters

"Vasthouden aan oude paradigma's en overtuigingen leiden niet naar nieuwe beloning."

koos net zoals haar voorganger voor een pragmatische aanpak met een blik op de korte termijn. "We beschermen wie de meeste waarde brengt. De rest moet zichzelf redden." stelde ze heel beslist.

Sommige bewoners verloren hun beloning volledig. Anderen hielden ternauwernood stand, maar iedereen voelde de gevolgen. De beperkte voorraden en het gebrek aan coördinatie zorgden ervoor dat de beloning ernstig geschaad werd. Terwijl iedereen gefocust was op zijn eigen belang, miste het dorp als geheel de kans om samen sterker te worden.

Andrea Voelders voelde meteen aan dat het slechte weer meer was dan een tijdelijk ongemak. De opeenvolgende buien dreigden haar wereld te veranderen. Ze had altijd vertrouwen gehad in haar vermogen om kansen te zien, oplossingen te vinden en haar deel van de vallei te laten bloeien. Maar deze keer was het anders. Het water steeg, de paden werden glad en onbegaanbaar, en haar intuïtie, normaal een bron van kracht, leek haar in de steek te laten. Voor het eerst in jaren voelde Andrea zich verloren.

Andrea's pogingen om haar deel van de vallei droog te houden mislukten jammerlijk. Ze voelde hoe de beloning haast letterlijk weggleed. "Hoe kon ik zo blind zijn?" vroeg ze zichzelf af. Ze had altijd op haar instinct vertrouwd, maar nu besefte ze dat bepaalde uitdagingen meer vereisen dan intuïtie. Ze had geen systemen of structuren die haar intuïtie konden ondersteunen. Terwijl de chaos toenam, merkte Andrea dat ze te veel afhankelijk was van haar eigen vermogen om beslissingen te nemen. Zonder hulp van anderen, zonder een plan dat doorgegeven kon worden, raakte ze overweldigd.

Terwijl anderen zich concentreerden op individuele oplossingen of intuïtieve reacties, geloofden Lossy en Winston in een holistische aanpak. Voor hen draaide alles om samenwerking, toekomstgerichte visie en de kracht van collectieve intelligentie.

Reeds lang voordat de regenwolken zich samenpakten, vroegen zij zich af: "Wat als?" Deze eenvoudige vraag leidde tot uitgebreide discussies met de andere bewoners van hun vallei. Ze begonnen met analyses van de diverse risicobronnen die niet alleen potentiële bedreigingen identificeerden, maar ook verborgen kansen blootlegden.

Lossy, met haar scherpe inzicht in zwakke plekken en mogelijke problemen, voorzag hoe hevige regenval de vallei en hun beloning zou kunnen treffen. Ze werkte methodisch aan plannen om de impact van overdadige regenval te minimaliseren. Winston, daarentegen, bracht energie en creativiteit in het proces. Hij zag mogelijkheden om het overvloedige water te benutten als een bron van groei en welvaart.

Samen overtuigden ze hun gemeenschap om samen actie te ondernemen. Door strategische overstromingsgebieden en opvangbekkens aan te leggen, beschermden ze niet alleen het land tegen wateroverlast, maar zorgden ze ook voor een duurzamere watervoorziening. Deze systemen gaven hun ook de mogelijkheid om nieuwe gewassen te verbouwen, die voorheen onmogelijk leken. Winston zag zelfs de kans om waterkrachtcentrales te bouwen, waarmee hun vallei in staat was om meer energie op te wekken en gemakkelijker handel te drijven met andere valleien.

Maar hun kracht lag niet alleen in het bedenken van technische oplossingen. Ze begrepen dat echte vooruitgang voortkomt uit samenwerking. Winston betrok de andere bewoners in het ontwerpproces en nam hun ideeën ernstig. Lossy organiseerde sessies waarin iedereen zijn zorgen kon delen, zodat elk perspectief grondig werd overwogen. Zo creëerden ze een cultuur van vertrouwen, waarin iedereen wist dat hun stem belangrijk was en de beste informatie nuttig kon gebruikt worden.

Hun aanpak ging verder dan alleen technische maatregelen. Ze leerden de gemeenschap hoe men flexibeler kon omgaan met onzekerheid. Ze investeerden in opleiding, zodat iedereen begreep hoe beslissingen werden genomen en hoe ze zelf ertoe konden bijdragen. Dankzij hun inspanningen groeide hun gemeenschap uit tot een lerende gemeenschap die voorbereid was op wat de toekomst ook zou brengen.

Winston en Lossy legden hun lessen vast in een manifest. Het werd een fundament voor de gemeenschap en een bron van inspiratie voor iedere bewoner van de vallei.

"Het effectief managen van risico boost je vertrouwen."

"Gefocust blijven op de beloning helpt bij het bereiken ervan."

Het "manifest" klinkt als volgt:

1. Creëer waarde. Bescherm waarde.

Het doel van risicomanagement is om vooruitgang te stimuleren en de vallei te laten bloeien. Door gewassen te planten en nieuwe paden te bouwen, creëer je waarde. Tegelijk zorg je ervoor dat wat je opbouwt stevig genoeg is om stormen te doorstaan. Waarde creëren en beschermen gaan hand in hand.

2. Integreer risicomanagement.

Waarde ontstaat wanneer gevaren en uitdagingen, zoals stormen en wolven, worden omgevormd tot kansen en mogelijkheden. Door risicomanagement in elke beslissing te verweven, kun je niet alleen overleven, maar ook bloeien en je beloning grijpen en veiligstellen.

3. Wees gestructureerd en omvattend.

Waarde creëren en beschermen betekent dat je rekening houdt met de hele vallei. Gestructureerd en volledig risicomanagement zorgt voor heldere plannen die alle relevante zaken en iedere betrokkene omvatten.

4. Pas risicomanagement aan de situatie aan.

Waarde ontstaat als je oplossingen maakt die passen bij de uitdagingen. Bouw sterke woningen tegen de storm, graaf irrigatiekanalen waar droogte heerst, en creëer een vallei die floreert ondanks de vele gevaren en uitdagingen.

5. Maak het inclusief.

De vallei bloeit als iedereen kan bijdragen. Inclusief risicomanagement betekent dat elke stem telt – of je nu wolven verjaagt of akkers aanlegt. Door samen te werken en alle relevante talenten en inzichten te benutten, kun je waarde creëren én beschermen.

6. Zorg dat het dynamisch is.

Waarde groeit door mee te bewegen met veranderingen. Een storm kan schade brengen, maar ook nieuwe kansen creëren voor betere bouwtechnieken. Wees flexibel en blijf bouwen aan de toekomst.

7. Baseer je op de best beschikbare informatie.

Waarde ontstaat door wijsheid. Let op de tekenen: sporen in de grond, de stand van de zon en het advies van de ouderen in de vallei. Goede informatie helpt je problemen om te zetten in kansen.

8. Houd rekening met menselijke en culturele factoren.

Waarde creëren betekent begrijpen wat mensen drijft. Een trotse jager, een geduldige boer en een creatieve bouwer brengen elk een unieke bijdrage. Cultuur en samenwerking laten de vallei duurzaam bloeien.

9. Streef naar continu verbeteren.

Elke uitdaging brengt een kans om sterker te worden. Gebruik lessen van de stormen en wolven om de vallei nog vruchtbaarder en het dorp nog succesvoller te maken. Groei is een continu proces van leren en aanpassen.

Epiloog

Patricia Best ronde haar verhaal af en richtte zich tot de verzameling experts om haar heen, haar stem klonk vast en bedachtzaam. "Beste vrienden, ik hoop dat het verhaal van deze vallei en haar bewoners kan aansluiten bij jullie ervaringen in het bedrijfsleven en dat het ons leert dat er verschillende manieren bestaan om met de fundamentele waarheid van een wereld vol onzekerheden om te gaan. Onbezorgdheid is goed voor even, maar is geen oplossing voor onverwachte zaken die bedreigend kunnen zijn en is dus geen garantie op een succesvolle toekomst. Het is ook zo dat een gebrek aan structuur en te veel steunen op het individu voor beslissingen een gedegen planning en groei in de weg kunnen staan. Maar het is eveneens zo dat een gebrek aan overeenstemming, met vooral een blik op de korte termijn zonder ernstige visie op lange termijn, evenmin tot duurzame resultaten leidt."

Vele aanwezigen knikten instemmend. Ze waren in hun loopbaan immers zelf al heel wat stormen en wolven tegengekomen en hadden er soms ook een prijs voor betaald.

Patricia ging nog even verder met haar betoog en zei bedachtzaam: "Zelf heb ik heel wat door schade en schande geleerd. En veel van wat ikzelf beleefd heb kwam ik in dit verhaal van de vallei en haar bewoners tegen. Andrea Voelders herinnerde me aan de kracht van intuïtie, maar ik leerde evenzeer dat structuur en planning onmisbaar zijn in turbulente tijden. Lotte Geluk toonde mij aan dat zorgeloosheid meer flexibiliteit geeft, maar zonder voorbereiding biedt het geen veerkracht. Daan Wakermans toonde mij aan dat voorzichtigheid levens kan redden, maar dat samenwerking en initiatief cruciaal zijn om te bereiken wat nodig is. Elk van hen reageerde verschillend op de gebeurtenissen, maar ze waren minder voorbereid dan Lossy en Winston, die aantoonden dat een gedeelde visie, teamwork en een focus op lange termijn niet alleen je organisatie en de samenleving beschermen, maar deze ook laten bloeien."

Ze vervolgde: "De les hier is duidelijk: hoewel voorzichtigheid en stabiliteit essentieel zijn, moeten ze in evenwicht worden gebracht met flexibiliteit, creativiteit en de aanwezigheid van gedeelde doelstellingen. Effectieve communicatie en inclusieve besluitvorming zijn de hoekstenen van een veerkrachtige en welvarende gemeenschap. We moeten leren verandering te omarmen, onze collectieve intelligentie te benutten en op elkaar afgestemde beslissingen te nemen die ons allemaal ten goede komen. Op die manier kunnen we een samenleving creëren die niet alleen crisissen doorstaat, maar ook duurzaam groeit en bloeit. Laten we deze lessen ter harte nemen en bouwen aan een toekomst waarin we voorbereid en verenigd zijn en altijd klaar staan om uitdagingen om te zetten in kansen."

De menigte experts luisterde zwijgend naar de woorden van Patricia. Haar verhaal weerspiegelde ook hun ambities, hun angsten en de essentie van hun ondernemen. Het was een katalysator voor diepe reflectie op hun eigen individuele situaties en de keuzes die zij zouden maken bij het nastreven van hun eigen beloning.

Het netwerkevent kreeg die avond een nieuwe dimensie. Het was niet alleen een platform om successen te verbinden en te delen, maar ook een plek waar dromen, veerkracht en de kunst van het omgaan met onzekerheden van het leven samenkwamen.

En zo begon hun reis naar een nieuwe wereld, waar het labyrint van uitdagingen en mogelijkheden hun percepties van succes, risico's en het nastreven van wat er echt toe doet, zou uitdagen.

Manny Zekerloos zag dat de groep achterbleef met een diep gevoel van contemplatie en een gedeelde nieuwsgierigheid naar hoe hun eigen verhalen zich zouden kunnen ontvouwen in het licht van zowel kansen als tegenslagen.

Manny vroeg zich dan ook af met wie hij zich het meest kon vereenzelvigen. Wat voor soort risicomanagement was er te vinden in zijn organisatie. Gewoon op goed geluk? Risico managen volgens het buikgevoel? Gestructureerd met een focus op het negatieve, gericht op inventarisatie, advies en rapportage? Of toch geïntegreerd in een bedrijfscultuur gericht op doelstellingen en continu verbeteren? Hij wist wel wat hij zou verkiezen ... jij ook?

Bijlage

De verschillende onderdelen van de metafoor

1. De vallei:

De vallei staat voor onze samenleving waar het wemelt van de mogelijkheden, maar ook van verborgen gevaren en bedreigingen. Het is waar het leven om draait. Wanneer we een doel nastreven zullen er altijd mogelijkheden zijn, maar de keuzes die we daarin maken zullen zowel positieve als negatieve aspecten met zich meebrengen. Keuzes bepalen steeds opnieuw welke positieve aspecten uitgespeeld kunnen worden en welke negatieve aspecten daardoor een kans krijgen om zich te realiseren.

2. De beloning:

De beloning is wat men uiteindelijk krijgt in het leven door inspanningen te leveren. Het is de vrucht van iemands werk en van de doelstelling die men nastreeft. Er zijn steeds verschillende manieren om die vruchten te bekomen. Daarin de juiste keuzes maken is er vandaag niet gemakkelijker op geworden. In algemene zin komt het erop neer dat je op voorhand de juiste informatie verwerft waardoor je de optimale weg kunt kiezen naar je "beloning". Welke middelen kunnen je daarbij helpen en welke zaken staan er in de weg? Het zijn de positieve risicobronnen die je vooruit kunnen helpen die evenzeer bepalen welke negatieve aspecten van risico realiteit kunnen worden. De juiste balans vinden en beide soorten risicobronnen managen is wat uiteindelijk tot duurzaam succes leidt.

Wanneer je door de vallei reist, wordt al snel duidelijk dat elke bewoner een unieke aanpak heeft voor het laveren door dit betoverende, maar verraderlijke landschap. Elk personage symboliseert een type onderneming, met haar eigen sterke punten, zwakheden en manieren om met onzekerheid en beloning om te gaan. Deze contrasterende personages maakten de verschillen tussen de ondernemingen bijzonder zichtbaar.

3. Lotte Geluk: De spontane kleine zelfstandige

Lotte Geluk

Lotte belichaamde de zelfstandige ondernemer die zonder veel voorbereiding of structuur werkt. Haar "Carpe diem"-motto weerspiegelt een volledig vertrouwen in het moment. Lotte leeft zonder zorgen voor morgen, plukt de vruchten van haar reis zonder veel na te denken over de gevolgen of over voorbereiding op uitdagingen. Deze aanpak werkt zolang de omstandigheden gunstig blijven, maar bij de eerste storm worden de valkuilen zichtbaar. Lotte heeft geen buffer of plan om haar overeind te houden als de paden glad worden en de modder haar vastzet. Haar verhaal toont de kwetsbaarheid van een aanpak zonder vooruitziende blik en zonder voorbereiding: het verlies van kansen in moeilijke tijden.

4. Andrea Voelders: De intuïtieve KMO

Andrea Voelders

Andrea Voelders is de belichaming van de succesvolle, maar intuïtief gedreven KMO-eigenaar. Haar uitzonderlijke instincten helpen haar vaak om kansen in de vallei te zien en haar beloning snel en efficiënt te grijpen. Ze vertrouwt volledig op haar persoonlijke capaciteiten, wat haar onderneming succesvol maakt in voorspelbare situaties. Echter, haar afhankelijkheid van intuïtie en het ontbreken van gestructureerde ondersteuning maakt haar kwetsbaar voor onverwachte stormen. Wanneer omstandigheden chaotisch worden en de complexiteit toeneemt, raakt ze mogelijk overweldigd. Andrea's verhaal benadrukt de beperkingen van een aanpak die sterk steunt op één leider en diens persoonlijke vaardigheden zonder de back-up van robuuste systemen of teams om de organisatie te ondersteunen.

5. Daan Wakermans, Mr. Doordrijver, Mevr. Regelmeters en Mr. Toetsers: De gestructureerde, maar gesiloïseerde (silo) organisatie

Daan Wakermans

Daan Wakermans vertegenwoordigt de risicomanager van een organisatie die sterk gericht is op structuur en formeel risicomanagement, maar waar silo's en gebrekkige samenwerking vaak een obstakel vormen. Zijn minutieuze aanpak, gericht op het vermijden van gevaren, zorgt voor een zekere stabiliteit, maar botst meer dan eens met de avontuurlijke en op korte termijn gerichte stijl van managers zoals Mr. Doordrijver. Hun tegenstrijdige prioriteiten resulteren vaak in spanningen en misgelopen kansen. Wanneer de organisatie onder nieuw leiderschap komt, verschuift de focus vaak naar naleving van nieuwe regels en wetgeving, wat de kloof tussen risicomanagers en leidinggevenden verder vergroot. Dit type organisatie illustreert hoe een gebrek aan onderlinge afstemming en samenwerking kan leiden tot inefficiëntie en verlies van beloning, zelfs met een robuust risicomanagementsysteem.

6. Winston en Lossy Waardezieners: De geïntegreerde lerende organisatie

Winston & Lossy Waardezieners

De samenwerking tussen Winston en Lossy symboliseert een volwassen organisatie waar leiderschap en risicomanagement hand in hand gaan. Winston is de visionaire leider die kansen ziet en nieuwe mogelijkheden verkent, terwijl Lossy de manager voorstelt die deze ambities voorziet van praktische strategieën en gedegen risicoanalyses. Samen werken ze niet alleen om uitdagingen te overwinnen, maar ook om onzekerheid te transformeren in groei. Door samen te werken met alle relevante stakeholders, zowel binnen als buiten de vallei, creëren ze innovatieve oplossingen, zoals "waterkrachtcentrales" en "irrigatiesystemen", die zowel negatieve risico's beperken als meer waarde toevoegen. Deze organisatie, een model van geïntegreerd risicomanagement en collectieve intelligentie, toont aan dat succes niet alleen afhankelijk is van plannen en structuren, maar ook van samenwerking en continue verbetering.

Door deze vier figuren naast elkaar te zetten, ontstaat een scherp beeld van de verschillende benaderingen van ondernemingen:

- De kleine zelfstandige zonder structuur: Spontaan en flexibel, maar kwetsbaar voor veranderingen.
- De intuïtieve KMO: Snel en doortastend, maar afhankelijk van de capaciteiten van één leider.
- De gestructureerde, gesiloïseerde (silo) organisatie: Risicomijdend en gefocust op naleving, maar vaak inefficiënt door interne tegenstellingen.
- De geïntegreerde lerende organisatie: Innovatief, veerkrachtig en succesvol door samenwerking en balans tussen visie en praktische uitvoering.

Elke aanpak biedt lessen, maar alleen de laatste demonstreert een duurzame en toekomstbestendige strategie in de complexe vallei van onzekerheid en beloning.

7. Concepten, eigenschappen en anagrammen

- *Anagrammen & concepten:*

Manny Zekerloos	Risk Management
Mr. Esoco	COSO ERM
Sandra Dolts	Old Standards
Patricia Best	ISO 31000 - "Best Practice"
Waardezieners	Creëren en Beschermen van waarde
Regelmeters	GRC Governance, Risk & Compliance
Toetsers	Audit

- *Eigenschappen*

Lotte Geluk	Geluk, een aanleg om bij toeval gewenste ontdekkingen te doen.
Andrea Voelders	Het "aanvoelen" van iets of iemand en daar een toekomst mee kunnen bouwen.
Daan Wakermans	Waakzaam zijn en gevaar ontwijken
Winston	Winst zoeken
Lossy	Verlies tegengaan